AUF EINEN

Aussaatdaten Mona für Monat sicher anwenden

Der Einfluss von Mond und den Gestirnen hat eine entscheidende Bedeutung auf unsere Gartenarbeit. Um erfolgreich aussäen, pflanzen, pflegen, ernten und das Erntegut verarbeiten zu können, finden Sie in diesem Kalender für das Jahr 2014 die entsprechenden Aussaatdaten für günstige und ungünstige Tage.

Kalender

Jeder Monat besteht u. a. aus zwei Seiten Kalendarium. Diese können Sie täglich für persönliche Eintragungen verwenden. Es gibt ein Feld zum Eintragen der niedrigsten und höchsten Temperatur. Zudem können Sie Ihre Beobachtungen zum Wetter festhalten. So ist es möglich, die Ergebnisse in den folgenden Jahren miteinander zu vergleichen und Rückschlüsse zu ziehen.
Am Wochenanfang finden Sie außerdem jeweils die Zeit für den Sonnenauf- und Sonnenuntergang.

Nützliche Hinweise zur Pflanzenpflege helfen Ihnen und unterstützen Sie bei Ihrer Gartenarbeit.

Aussaatdaten

Die beiden anderen Seiten eines jeden Monats beinhalten die Aussaatdaten (die mitteleuropäische Sommerzeit ist berücksichtigt).

1. Die Symbole kennzeichnen die Pflanzengruppe, die positiv kosmisch beeinflusst wird. Die Zeiten geben den richtigen Zeitpunkt für Gartenarbeiten an. Wenn keine Zeit genannt wird, steht der gesamte Tag zur Verfügung.
2. Wenn sich die Symbole im grünen Teil der Seite befinden, ist Pflanzzeit. Der helle Teil bedeutet „keine Pflanzzeit".
3. Der Mond steht vor dem abgebildeten Sternzeichen. Die Zeit gibt an, wann der Mond vor das Sternzeichen tritt.
4. Mit diesem Symbol werden Voll-, Halb- und Neumond gekennzeichnet.
5. Hier ruhen alle Gartenarbeiten.
6. Perigäum (Erdnähe) = ungünstige Mondkonstellation
   ▶ 12 Stunden vorher und nachher sollten keine Gartenarbeiten durchgeführt werden. Im Kalender finden Sie das entsprechend berücksichtigt.
7. Absteigender Mondknoten = ungünstige Mondkonstellation
   ▶ Einige Stunden vorher und nachher sollten keine Gartenarbeiten durchgeführt werden. Dies gilt auch für den aufsteigenden Mondknoten und das Apogäum (Erdferne).

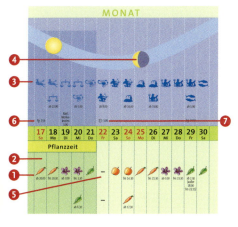

INHALT

7 Aussaat und Pflanzung im Biogarten
 7 Aussaaterde selbst herstellen
 8 Aussaatkisten vorbereiten
 8 Gießen mit der Saatbrause
 9 Jungpflänzchen vereinzeln
10 Nährstoffe für Halbwüchsige
10 Ans Freie gewöhnen
10 Das Feld räumen
10 Lockerung mit der Grabegabel
10 Kompost aufbringen
11 Pflanzzeit für Jungpflanzen
11 Aussaat direkt ins Beet

INHALT

13 Aussaattage 2014

14 Januar

18 Februar

22 März

26 April

30 Mai

34 Juni

38 Juli

42 August

46 September

50 Oktober

54 November

58 Dezember

64 Wichtige Gartenpflanzen und ihre Gruppenzugehörigkeit

Aussaat und Pflanzung im Biogarten

Das neue Gartenjahr beginnt bereits im Herbst und Winter. In der ruhigeren Jahreszeit können Samenkataloge bestellt werden und die Planung der Beete kann jetzt erfolgen. Die Feinplanung geschieht dann ab Januar anhand der Konstellationen. Und all denen, die sagen: „Im Garten kann ich nicht planen, da gibt es so viel Unvorhergesehenes", sei zugerufen: „Mit einer guten Planung finden Sie immer wieder den roten Faden für Ihre Gartenarbeiten, auch wenn das Wetter noch so verrückt spielt!"

Nach der Planung kann ab Februar mit der Aussaat und Pflanzung begonnen werden, hier legen wir nach gewissenhafter Planung den Grundstein für das spätere Gedeihen unserer Pflanzen. Einige praktische Tipps und Tricks möchte ich Ihnen in dieser Ausgabe der Aussaattage aus meiner langjährigen Tätigkeit als Biogärtner mit an die Hand geben.

Aussaaterde selbst herstellen

Um später robuste Jungpflanzen im Garten auszupflanzen, sollten die ersten Kulturen auf der Fensterbank vorgezogen werden. Für die eigene Anzucht in Kisten können Sie in wenigen Schritten, bevorzugt an Wurzeltagen, eigene Aussaat- und Pikiererde herstellen. Dazu benötigen Sie etwas Kompost, Sand und Gesteinsmehl. Zunächst wird etwa 40 bis 50 l reifer, ca. ein Jahr alter Kompost gesiebt. Die Maschenweite des Siebes sollte ca. 15 mm × 15 mm betragen. Sie können ein schräg stehendes Sieb oder ein rundes Sandsieb verwenden. Die Aussaaterde darf nach dem Sieben keine groben Teile mehr enthalten. Der fein gesiebten Aussaaterde wird nun etwa 30 l Maulwurfserde, die den mineralischen Anteil der Erde erhöht, beigemischt. Außerdem wird etwa 10 l Sand (beispielsweise aus dem Baumarkt) hinzugeben und abschließend etwas Gesteinsmehl darüber gestreut. So bekommen die jungen Pflanzen einen entsprechend guten

Die fein gesiebte Aussaaterde wird innig mit Sand und Gesteinsmehl vermischt.

AUSSAAT UND PFLANZUNG

Zeitungspapier schützt vor Gießwasserverlust.

Eine Ebene Fläche ist wichtig für den Keimerfolg.

Mineralstoffausgleich. Da Sämlinge für ein gesundes, kräftiges Heranwachsen nährstoffarme Erde benötigen, fügen Sie der Aussaatmischung bitte keinen weiteren Dünger hinzu.

Als Tipp: Wenn Sie der Mischung ein zuvor angerührtes Hornmist-Präparat beigeben, unterstützen Sie die künftigen Pflänzchen zusätzlich in einem gesunden, freudigen Wachstum.

Aussaatkisten vorbereiten

Man kann sowohl Plastikkisten als auch Holzkisten für die Aussaat verwenden. Holzkisten sollten unten am Boden mit Papier ausgelegt werden, damit das Gießwasser nicht zu schnell austreten kann. Der Boden der Aussaatkiste wird zunächst mit den groben Teilen vom Aussieben bei der Herstellung der Aussaaterde – wenn vorhanden – bedeckt, damit später kein Gießwasser in der Kiste stehen bleiben kann.

Beim Befüllen der Kisten sollten Sie darauf achten, die Erde in den Ecken besonders gut anzudrücken, da die Ecken beim Gießen dazu neigen, nachzusacken. Anschließend wird die Erde mithilfe eines Brettchens geebnet und nochmals etwas angedrückt. Nun sollten Sie noch etwas Aussaaterde über die Kisten sieben. Dann können die Samen ausgestreut werden.

Gießen mit der Saatbrause

Das Angießen der Samen sollte immer äußerst sorgsam erfolgen. Wichtig ist, dass man eine geeignete, kleinere Gießkanne mit einem feinen Brauseaufsatz (Saatbrause) verwendet. Damit die Samen nicht ausgeschwemmt werden, sollte man zusätzlich den Brausestrahl so lange außerhalb der Saatkiste halten, bis er einen gleichmäßigen, feinen, „brausigen" Strahl gebildet hat. Sie können die Saatkiste darüber hinaus mit einem Vlies abdecken, um eine wachstumsfördernde, gleichmäßigere Feuchte und ein besseres Kleinklima in der Kiste zu erhalten. Das Vlies muss nach erfolgter Keimung sofort entfernt werden.

Beobachten Sie nun täglich Ihre Saatkisten. Sobald die Keimlinge sichtbar wer-

AUSSAAT UND PFLANZUNG

Die Samen mit feinem Wasserstrahl angießen.

den, müssen einzelne Bereiche der Erde von ihnen angehoben werden. Es ist ein wahrer Kraftakt für die Winzlinge, „mit ihren Schultern" die Erde zu durchstoßen, sich anschließend gleichsam aufzurichten und ihre Keimblätter voll zu entfalten. Die Saatkisten (beschriftet mit Datum und Pflanzennamen), sollten immer an einem hellen Ort stehen, damit die Jungpflanzen möglichst keinen Geilwuchs entwickeln, um das Sonnenlicht zu suchen.

Jungpflänzchen vereinzeln

Stehen die Keimlinge einige Zeit nach der Aussaat dicht gedrängt nebeneinander, müssen die jungen Pflänzchen pikiert, sprich vereinzelt, werden. Sie benötigen mehr Platz, um zu kräftigen, gesunden Pflanzen heranzuwachsen. Sobald sich die ersten pflanzentypischen Blätter ausgebildet haben, werden die Pflänzchen aus der Saatschale in größere Töpfe oder mit ausreichendem Pflanzabstand direkt ins Freie gesetzt. Das Vereinzeln geschieht mit einem Pikierstab oder einem angespitzten Stöckchen bzw. Essstäb-

chen. Hierzu hält man den einzelnen Sämling vorsichtig am Stängel, nicht an den Blättchen, fest und löst die Wurzel mit dem Pikierstab aus der Erde. Die Pflänzchen können alleine, zu zweit oder zu dritt in größere Anzuchttöpfe oder gleich ins Freie gesetzt werden. Sorgfältiges Angießen mit einer feinen Brause nicht vergessen. Als Tipp: Pflanzen Sie nur die kräftigsten Keimlinge um. Nur aus ihnen werden schöne, gesunde Pflanzen heranwachsen. Die übrigen Pflänzchen kommen in den Kompost.

Die Sämlinge bis zu den Keimblättern in die Erde stecken.

Die Jungpflanze behutsam andrücken, damit der Wurzelhals nicht abknickt.

AUSSAAT UND PFLANZUNG

Nährstoffe für Halbwüchsige

Die hergestellte Erde-Sand-Mischung für die Aussaat können Sie auch zum Pikieren Ihrer Pflänzchen verwenden. Da Erden für Aussaaten jedoch grundsätzlich nährstoffarm sind, ist eine leichte Zugabe von Hornmehl empfehlenswert, etwa 40 g je 10 l fertiger Erde. Durch das Hornmehl wird der jungen Pflanze im Pikiergefäß nach etwa zwei Wochen kontinuierlich etwas mehr Stickstoff zur Verfügung gestellt und sie wächst dadurch „freudiger". Anstelle des Hornmehls kann man den pikierten Jungpflänzchen nach dem Anwachsen in regelmäßigen Abständen auch Brennnessel-Jauche ins Gießwasser geben.

Ans Freie gewöhnen

Ob die Keimlinge gleich ins Freilandbeet oder erst in Aussaattöpfe gepflanzt werden, richtet sich nach den Temperaturen und nach der Pflanzenart. Viele wärmeliebende Kulturen wie beispielsweise Gurken, Tomaten oder Kräuter sollten erst ab Mitte Mai nach den Eisheiligen ins Freie gesetzt werden. Zu diesem Zeitpunkt sind keine Nachtfröste mehr zu erwarten. Bei der Voranzucht im Haus empfiehlt es sich, die Keimlinge ein paar Tage vor der Verpflanzung ins Freie an die neuen Bedingungen zu gewöhnen und sie tagsüber einige Stunden an einem geschützten Ort nach draußen zu stellen.

Das Feld räumen

Ein richtig bearbeiteter Boden schafft optimale Voraussetzungen für das Gedeihen unserer Pflanzen, insbesondere unserer Wurzelgemüse. Auf ein vorheriges Umgraben des Bodens sollten wir im Biogarten jedoch verzichten.

Bereiten Sie zu Beginn der Aussaat/Pflanzung das Gartenbeet gründlich vor. Samenbeikräuter wie Vogelmiere, Franzosenkraut oder Kreuzkraut werden dazu mit einer Blatthacke etwa 1 bis 1,5 cm flach entfernt. Wurzelbeikräuter wie Löwenzahn müssen tiefer ausgegraben werden, da jedes Wurzelstück dieser Pflanzen weiterwächst und zu erneutem Beikrautbewuchs führen würde. Anschließend wird das eine Stunde gerührte Hornmist-Präparat auf das vorbereitete Beet in großen Tropfen, beispielsweise mit einem Handfeger, ausgebracht.

Lockerung mit der Grabegabel

Für die darauffolgende, nicht wendende Bodenbearbeitung zur Bodenlockerung wird die Grabegabel verwendet. Man sticht hierbei die Grabegabel leicht schräg bis zum Anschlag in den Boden, hebt sie etwas nach oben an (1 bis 2 cm) und drückt sie anschließend etwas von sich weg zur anderen Seite hin. Dabei bewegt sich der Oberkörper mit nach vorne. Achten Sie auf eine aufrechte Körperhaltung, das schont Ihren Rücken.

Kompost aufbringen

Auf das bearbeitete Beet wird, je nach geplanter Pflanzen- oder Gemüseart, Kompost aufgebracht und sofort mit dem Krail, auch Schwanenhals-Vierzahn genannt, oberflächlich in den Boden eingearbeitet. Der beste Zeitraum hierfür ist in der Vegetationsperiode von Mitte März bis Mitte Oktober. Dann ist die Bodentemperatur in der Regel über 8 °C und der Kompost kann seine für das Bodenleben wichtige „Hefewirkung" voll entfalten. Zudem sind die Bodenorganismen ab dieser Temperatur in der Lage, mit ihrer Ver-

AUSSAAT UND PFLANZUNG

Das Hornmist-Präparat wird großtropfig ausgebracht.

Der Handtest gibt Auskunft über die richtige Bodenvorbereitung.

dauung zu beginnen. Diesen Vorgang nennt man „Lebendverbauung im Boden". Mit dem Krail werden ebenfalls die an der Oberfläche liegenden Erdklumpen bis zu einer Tiefe von etwa 8 bis 10 cm zerkleinert. Dazu schieben Sie den Vierzahn diagonal über das Beet. Mit einem langstieligen Rechen zum aufrechten Arbeiten werden abschließend die oberirdischen restlichen Erdklumpen bis zu einer Tiefe von 4 bis 6 cm ganz flach weggenommen, damit das Saatbeet in den ersten 1 bis 2 cm eine feine Bodenstruktur hat. Sie können die Qualität Ihrer Bodenvorbereitung testen, indem Sie versuchen, mit der bloßen Hand bis zum Knöchel am Handgelenk ohne Anstrengung in den Boden zu gelangen. Gelingt Ihnen dies ohne Mühe, ist der Boden optimal z. B. für Möhren und andere Tiefwurzler vorbereitet.

Pflanzzeit für Jungpflanzen

Ist der Boden vorbereitet, heißt es ab Anfang März: Pflanzzeit! Die Samen können direkt ins Beet gesät und vorgezogene Jungpflanzen ausgepflanzt werden.

Beim Auspflanzen der Jungpflanzen ist es wichtig, auf den Platzbedarf sowie die Wuchshöhe der einzelnen Pflanzenarten zu achten. Bei Kräutern und Blumen unterscheidet man zwischen ein- und mehrjährigem Wuchs. Die Einjährigen können hierbei zwischen die Zwei- und Mehrjährigen gepflanzt werden. Große Pflanzen sollten in die Mitte des Beetes gesetzt werden, sie sorgen dort für die gestalterische Tiefe des Beetes. Wer einzelne Akzente im Beet erwirken möchte, z. B. Blütenfülle oder -farbe, sollte immer Gruppen von drei bis fünf Pflanzen zusammensetzen.

Vor dem Auspflanzen müssen die Sämlinge ausreichend gewässert werden. Anschließend werden Pflanzenlöcher ausgehoben, die mindestens doppelt so groß wie die Wurzelballen der Pflanzen sind. Damit die Pflanzen gut im Gartenboden anwachsen, muss nach dem Einpflanzen nochmals gründlich gewässert werden.

Aussaat direkt ins Beet

Wer ab März seine Samen direkt ins Beet säen möchte, legt nach vollbrachter Bo-

AUSSAAT UND PFLANZUNG

Ein Reihenzieher sorgt für gleichmäßigen Abstand der Saat.

denbearbeitung mit einem sogenannten Reihenzieher seine Saatrillen fest. Das geht ganz einfach. Mit ihm lässt sich nicht nur der Abstand der Rillen zueinander individuell einstellen, sondern gleichzeitig auch die jeweilige Rillentiefe. Wenn Sie keinen Reihenzieher haben, können Sie mit einem Stiel die Reihen ziehen. Mithilfe einer gespannten Schnur erhalten Sie gerade Rillen. Je gerader die Rillen, desto deutlicher sind die Saatreihen und desto einfacher wird die spätere Beikrautentfernung. Der Abstand der Kulturen richtet sich nach den Ansprüchen der Gemüseart und nach der Größe der vorhandenen Hacke (Hackenbreite plus 3 bis 4 cm ergibt die optimale Reihenbreite). Nach dem Aussäen wird die Saatrille von Hand geschlossen, sodass die Samen etwa einen halben Zentimeter, maximal einen Zentimeter, unter der Erde liegen. Im Frühjahr kann man zum schnelleren Keimen ein Vlies über die Saat legen.

Markieren Sie abschließend das Beet mit einem Etikett, auf dem die jeweils relevanten Kulturdaten wie Sorte, Aussaat / Pflanzdatum festgehalten sind. Eine optimale Beetbreite liegt zwischen 110 und 120 cm. Breiter sollte ein Beet nicht sein, da es sonst schwerer zu bearbeiten ist.
Ist Ihre Saat im Gartenbeet doch mal etwas zu dicht geraten, muss sie möglichst frühzeitig vereinzelt werden. Wenn die Pflanzenart es zulässt, können die dazwischen herausgezogenen Pflänzchen an anderer Stelle wieder eingepflanzt werden. Radieschen z. B. werden ein bis zwei Wochen nach der Aussaat vereinzelt. Das schnelle Gemüse bekommt so genügend Platz, um schöne Knollen bilden zu können.
Somit haben Sie nun einen wichtigen Grundstein für das gesunde Gedeihen Ihrer Pflanzen gelegt. Ich wünsche Ihnen viel Erfolg und Freude!

Ihr Peter Berg

KALENDER

Aussaattage 2014

JANUAR

1	Mi	Neujahr	SA: 8.27 SU: 16.25
2	Do		
3	Fr		
4	Sa		
5	So		
6	Mo	Heilige Drei Könige	SA: 8.24 SU: 16.34
7	Di		
8	Mi		
9	Do		
10	Fr		
11	Sa		
12	So		
13	Mo	Beginn der Pflanzzeit um 9.51 Uhr	SA: 8.19 SU: 16.44
14	Di		
15	Mi		
16	Do		

JANUAR

	mm		Fr	**17**
	mm		Sa	**18**
	mm		So	**19**
	mm	SA: 8.13 SU: 16.54	Mo	**20**
	mm		Di	**21**
	mm		Mi	**22**
	mm		Do	**23**
	mm		Fr	**24**
	mm		Sa	**25**
	mm		So	**26**
	mm	Ende der Pflanzzeit um 18.02 Uhr SA: 8.03 SU: 17.08	Mo	**27**
	mm		Di	**28**
	mm		Mi	**29**
	mm		Do	**30**
	mm		Fr	**31**

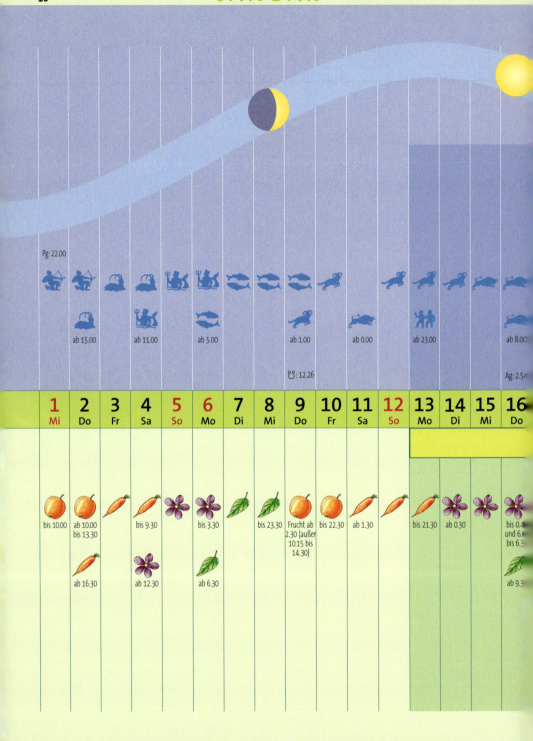

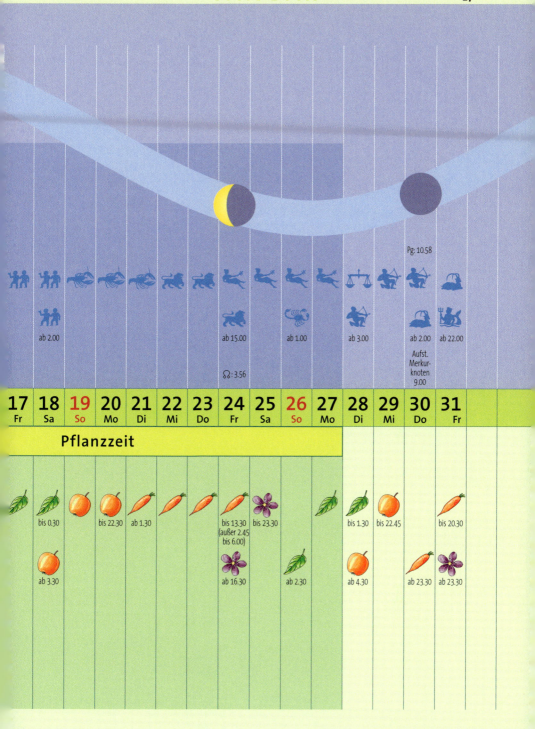

FEBRUAR

1	Sa		SA: 8.03 SU: 17.08
2	So	Mariä Lichtmess	
3	Mo		SA: 7.52 SU: 17.21
4	Di		
5	Mi		
6	Do		
7	Fr		
8	Sa		
9	So	Beginn der Pflanzzeit um 16.57 Uhr	
10	Mo		SA: 7.40 SU: 17.33
11	Di		
12	Mi		
13	Do		
14	Fr	Valentinstag	
15	Sa		
16	So		

FEBRUAR

SA: 7.26 SU: 17.46	Mo	**17**
	Di	**18**
	Mi	**19**
	Do	**20**
	Fr	**21**
	Sa	**22**
	So	**23**
Ende der Pflanzzeit um 2.56 Uhr SA: 7.12 SU: 17.59	Mo	**24**
	Di	**25**
	Mi	**26**
	Do	**27**
	Fr	**28**

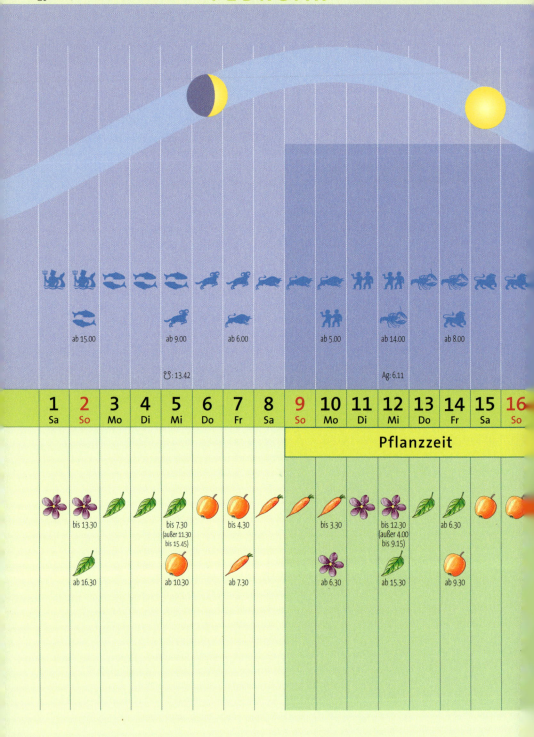

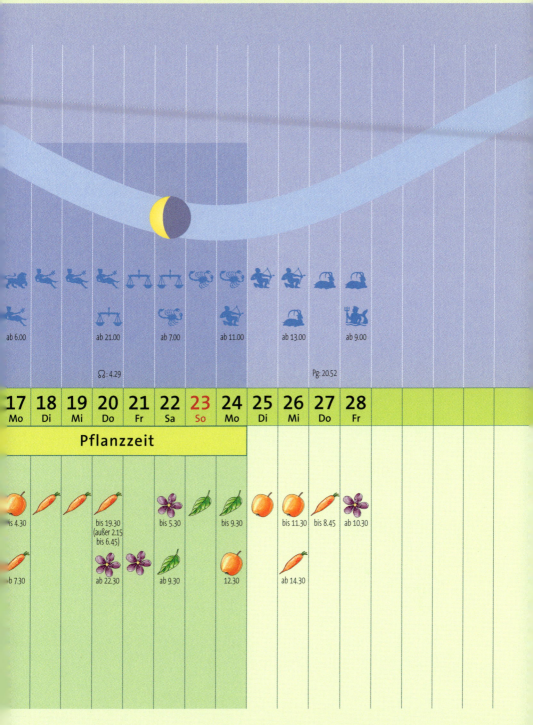

MÄRZ

1	Sa		SA: 7.12 SU: 17.59
2	So		
3	Mo	Rosenmontag	SA: 6.57 SU: 18.11
4	Di	Faschingsdienstag	
5	Mi	Aschermittwoch	
6	Do		
7	Fr		
8	Sa		
9	So	Beginn der Pflanzzeit um 0.29 Uhr	
10	Mo		SA: 6.41 SU: 18.23
11	Di		
12	Mi		
13	Do		
14	Fr		
15	Sa		
16	So		

MÄRZ

mm — SA: 6.25 SU: 18.35	Mo	17
mm	Di	18
mm	Mi	19
mm — Frühlingsanfang	Do	20
mm	Fr	21
mm	Sa	22
mm — Ende der Pflanzzeit um 8.58 Uhr	So	23
mm — SA: 6.10 SU: 18.46	Mo	24
mm	Di	25
mm	Mi	26
mm	Do	27
mm	Fr	28
mm	Sa	29
mm — Beginn der Sommerzeit / Uhren um 2.00 Uhr auf 3.00 Uhr vorstellen	So	30
mm — SA: 6.54 SU: 19.58	Mo	31

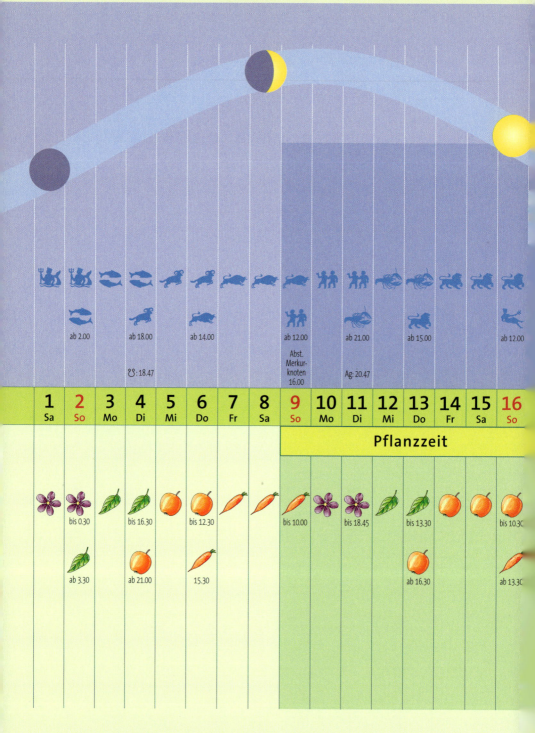

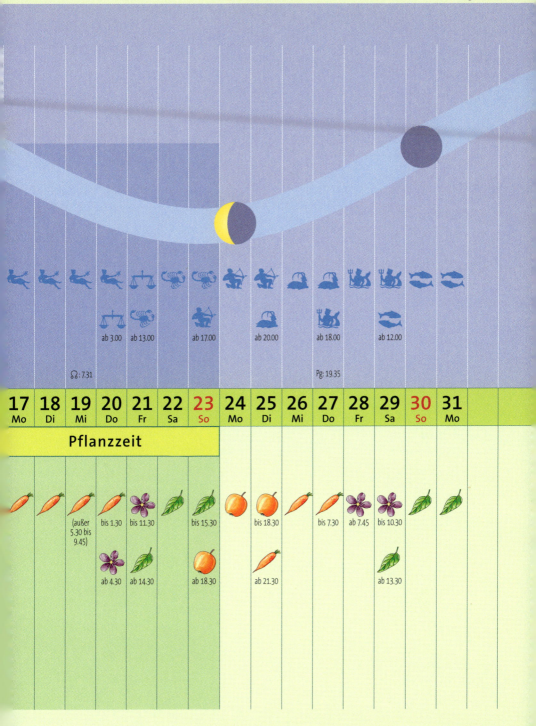

APRIL

1	Di		SA: 6.54 SU: 19.58
2	Mi		
3	Do		
4	Fr		
5	Sa	Beginn der Pflanzzeit um 9.48 Uhr	
6	So		
7	Mo		SA: 6.38 SU: 20.10
8	Di		
9	Mi		
10	Do		
11	Fr		
12	Sa		
13	So	Palmsonntag	
14	Mo		SA: 6.23 SU: 20.21
15	Di		
16	Mi		

APRIL

	Gründonnerstag	Do 17
	Karfreitag	Fr 18
	Ende der Pflanzzeit um 15.25 Uhr	Sa 19
	Ostersonntag	So 20
SA: 6.09 SU: 20.33	Ostermontag	Mo 21
		Di 22
		Mi 23
		Do 24
		Fr 25
		Sa 26
		So 27
SA: 5.55 SU: 20.44		Mo 28
		Di 29
	Walpurgisnacht	Mi 30

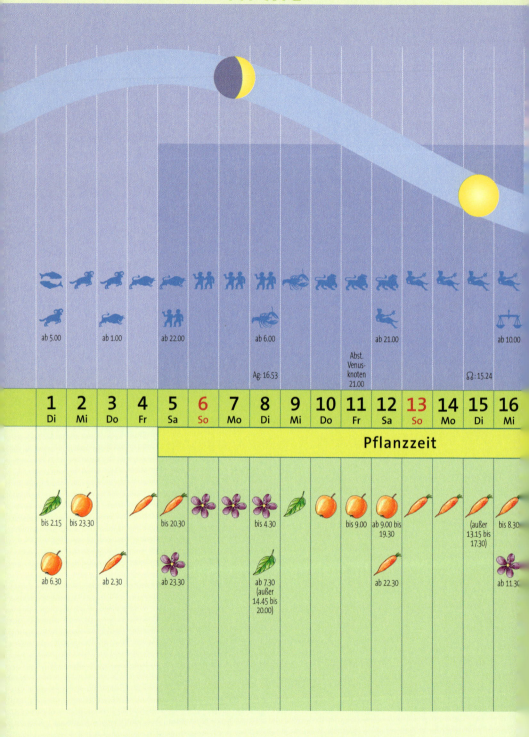

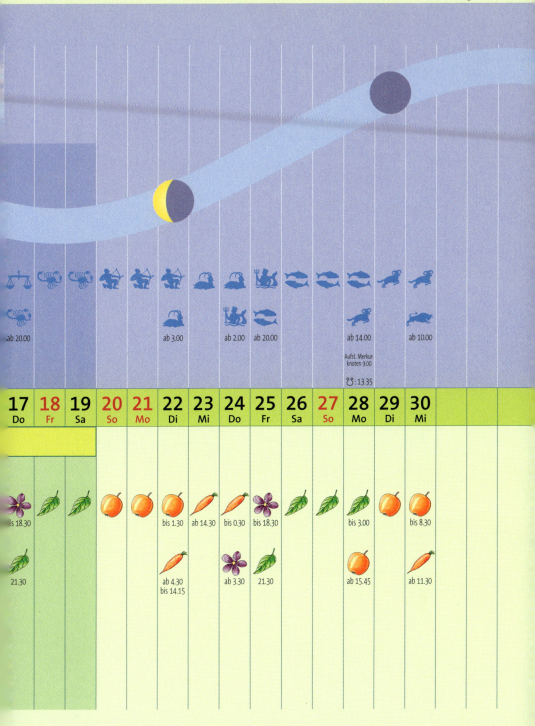

MAI

1	Do	Maifeiertag / Staatsfeiertag (A)	SA: 5.55 SU: 20.44
2	Fr	Beginn der Pflanzzeit um 18.35 Uhr	
3	Sa		
4	So		
5	Mo		SA: 5.43 SU: 20.55
6	Di		
7	Mi		
8	Do		
9	Fr		
10	Sa		
11	So	Muttertag Mamertus (Eisheiliger)	
12	Mo	Pankratius (Eisheiliger)	SA: 5.31 SU: 21.06
13	Di	Servatius (Eisheiliger)	
14	Mi	Bonifatius (Eisheiliger)	
15	Do	Sophie (Eisheilige)	
16	Fr	Ende der Pflanzzeit um 22.43 Uhr	

MAI

	Sa	**17**
	So	**18**
SA: 5.22 SU: 21.16	Mo	**19**
	Di	**20**
	Mi	**21**
	Do	**22**
	Fr	**23**
	Sa	**24**
	So	**25**
SA: 5.14 SU: 21.25	Mo	**26**
	Di	**27**
	Mi	**28**
Christi Himmelfahrt / Auffahrt (CH)	Do	**29**
Beginn der Pflanzzeit um 3.12 Uhr	Fr	**30**
	Sa	**31**

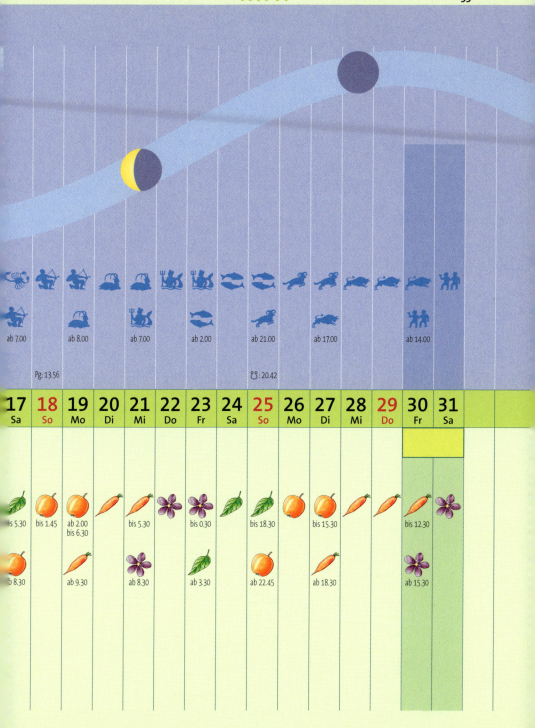

JUNI

1	So		SA: 5.14 SU: 21.25
2	Mo		SA: 5.09 SU: 21.32
3	Di		
4	Mi		
5	Do		
6	Fr		
7	Sa		
8	So	Pfingstsonntag	
9	Mo	Pfingstmontag	SA: 5.06 SU: 21.33
10	Di		
11	Mi		
12	Do		
13	Fr	Ende der Pflanzzeit um 8.34 Uhr	
14	Sa		
15	So		
16	Mo		SA: 5.05 SU: 21.41

JUNI

	Di	**17**
	Mi	**18**
Fronleichnam	Do	**19**
	Fr	**20**
Sommeranfang	Sa	**21**
	So	**22**
SA: 5.08 SU: 21.42	Mo	**23**
Johannistag	Di	**24**
	Mi	**25**
Beginn der Pflanzzeit um 11:02 Uhr	Do	**26**
	Fr	**27**
	Sa	**28**
	So	**29**
SA: 5.11 SU: 21.41	Mo	**30**

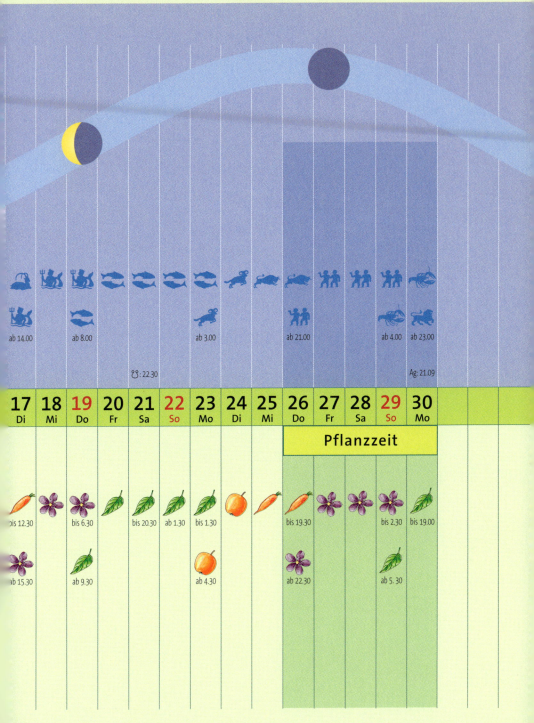

JULI

1	Di		SA: 5.11 SU: 21.41
2	Mi		
3	Do		
4	Fr		
5	Sa		
6	So		
7	Mo		SA: 5.17 SU: 21.37
8	Di		
9	Mi		
10	Do	Ende der Pflanzzeit um 19.56 Uhr	
11	Fr		
12	Sa		
13	So		
14	Mo		SA: 5.25 SU: 21.30
15	Di		
16	Mi		

JULI

mm	Do	**17**
mm	Fr	**18**
mm	Sa	**19**
mm	So	**20**
mm SA: 5.34 SU: 21.22	Mo	**21**
mm	Di	**22**
mm Beginn der Hundstage	Mi	**23**
Beginn der Pflanzzeit um 17.59 Uhr		
mm	Do	**24**
mm	Fr	**25**
mm	Sa	**26**
mm	So	**27**
mm SA: 5.43 SU: 21.13	Mo	**28**
mm	Di	**29**
mm	Mi	**30**
mm	Do	**31**

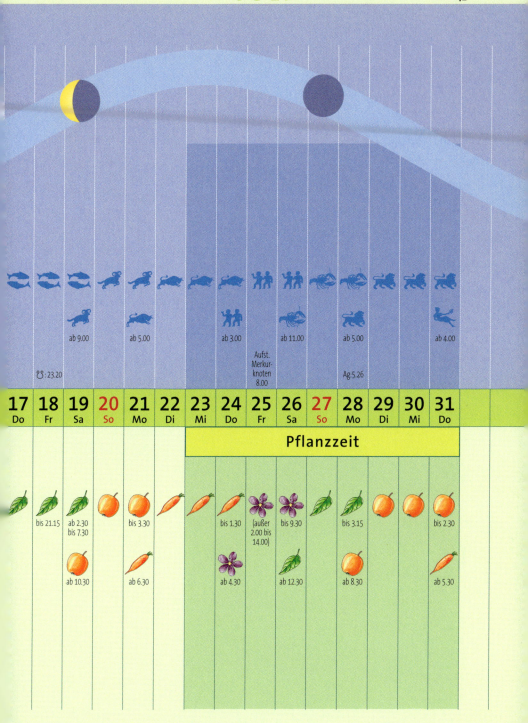

AUGUST

1	Fr	Nationalfeiertag (CH)	SA: 5.43 SU: 21.13
2	Sa		
3	So		
4	Mo		SA: 5.55 SU: 21.00
5	Di		
6	Mi		
7	Do	Ende der Pflanzzeit um 6.50 Uhr	
8	Fr	Friedensfest	
9	Sa		
10	So		
11	Mo		SA: 6.06 SU: 20.46
12	Di		
13	Mi		
14	Do		
15	Fr	Mariä Himmelfahrt	
16	Sa		

AUGUST

43

				So	**17**
	___ mm			Mo	**18**
	___ mm	SA: 6.17 SU: 20.32		Di	**19**
	___ mm		Beginn der Pflanzzeit um 0.34 Uhr	Mi	**20**
	___ mm			Do	**21**
	___ mm			Fr	**22**
	___ mm		Ende der Hundstage	Sa	**23**
	___ mm			So	**24**
	___ mm	SA: 6.28 SU: 20.17		Mo	**25**
	___ mm			Di	**26**
	___ mm			Mi	**27**
	___ mm			Do	**28**
	___ mm			Fr	**29**
	___ mm			Sa	**30**
	___ mm			So	**31**

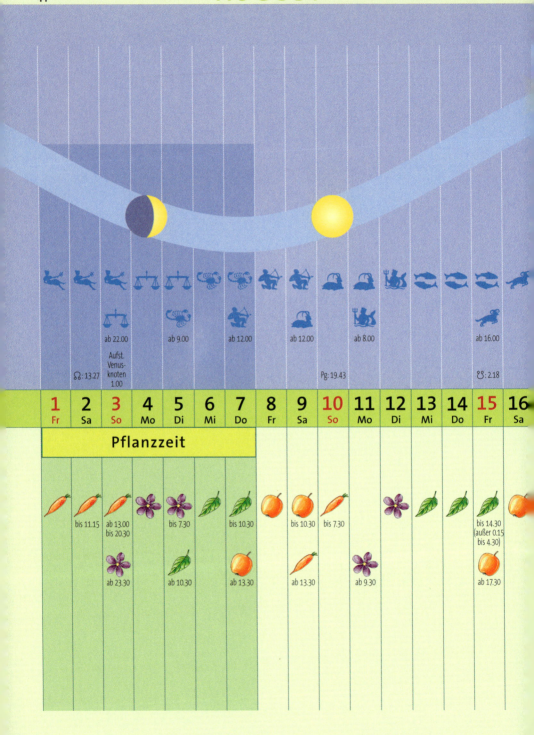

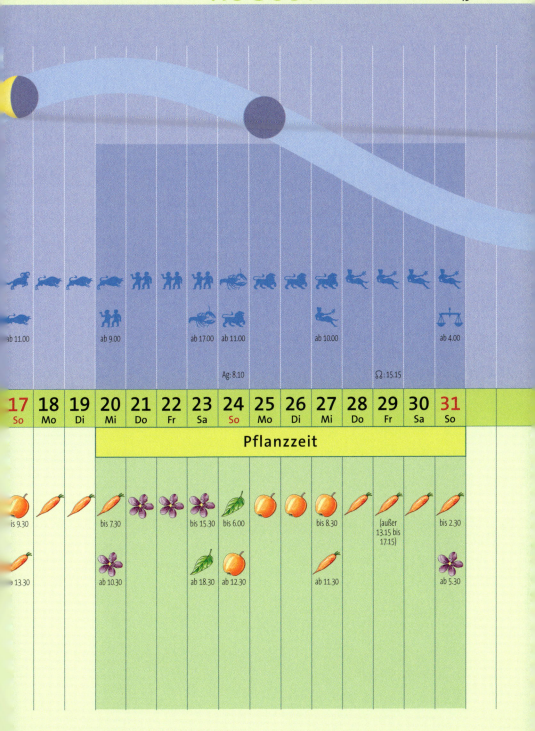

SEPTEMBER

1	Mo	SA: 6.39 SU: 20.02
2	Di	
3	Mi	Ende der Pflanzzeit um 15.35 Uhr
4	Do	
5	Fr	
6	Sa	
7	So	
8	Mo	SA: 6.50 SU: 19.46
9	Di	
10	Mi	
11	Do	
12	Fr	
13	Sa	
14	So	
15	Mo	SA: 7.01 SU: 19.30
16	Di	Beginn der Pflanzzeit um 7.38 Uhr

SEPTEMBER

Mi	**17**
Do	**18**
Fr	**19**
Sa	**20**
So	**21**
Mo	**22**

SA: 7.12   SU: 19.14

Herbstanfang Di	**23**
Mi	**24**
Do	**25**
Fr	**26**
Sa	**27**
So	**28**
Mo	**29**

SA: 7.24   SU: 18.58

Ende der Pflanzzeit um 21.52 Uhr Di	**30**

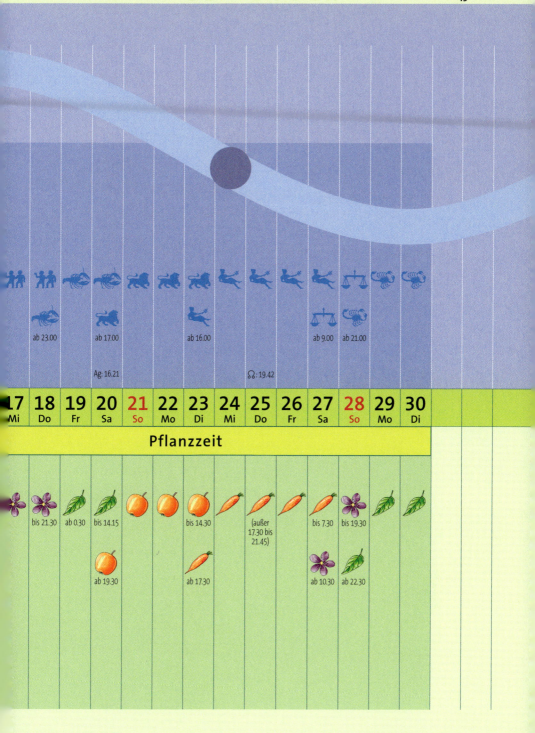

OKTOBER

1	Mi		SA: 7.24 SU: 18.58
2	Do		
3	Fr	Tag der Deutschen Einheit	
4	Sa		
5	So	Erntedank	
6	Mo		SA: 7.35 SU: 18.43
7	Di		
8	Mi		
9	Do		
10	Fr		
11	Sa		
12	So		
13	Mo	Beginn der Pflanzzeit 15.57 Uhr	SA: 7.47 SU: 18.28
14	Di		
15	Mi		
16	Do		

OKTOBER

	Fr	**17**
	Sa	**18**
	So	**19**
SA: 7.59 SU: 18.13	Mo	**20**
	Di	**21**
	Mi	**22**
	Do	**23**
	Fr	**24**
	Sa	**25**
Nationalfeiertag (A) Ende der Sommerzeit Uhren um 3.00 Uhr auf 2.00 Uhr zurückstellen	So	**26**
SA: 7.11 SU: 17.00	Mo	**27**
Ende der Pflanzzeit um 2.21 Uhr	Di	**28**
	Mi	**29**
	Do	**30**
Reformationstag / Halloween	Fr	**31**

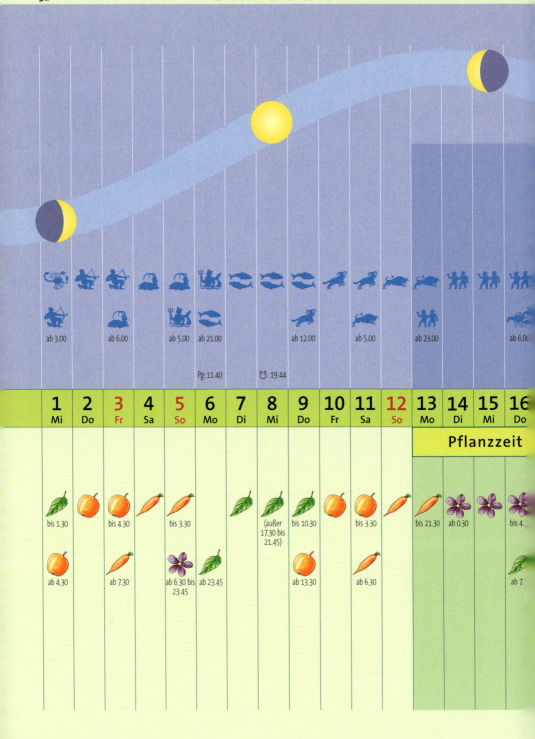

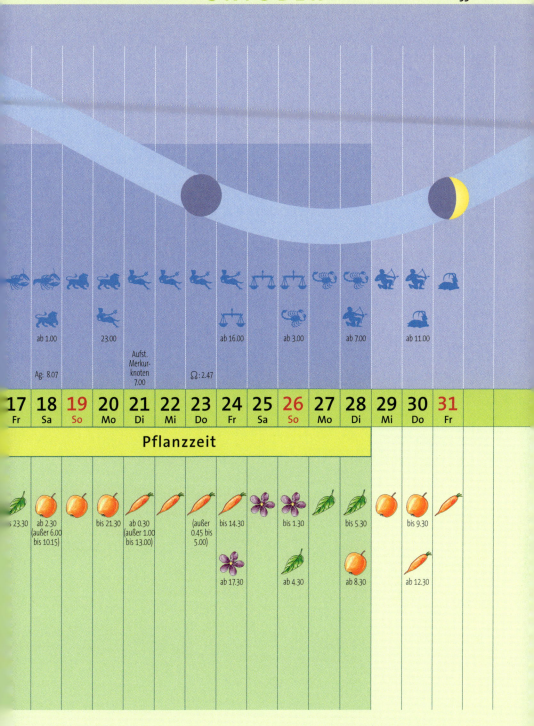

NOVEMBER

1	Sa	Allerheiligen	
			SA: 7.11 SU: 17.00
2	So	Allerseelen	
3	Mo		
			SA: 7.23 SU: 16.47
4	Di		
5	Mi		
6	Do		
7	Fr		
8	Sa		
9	So		
10	Mo	Beginn der Pflanzzeit um 0.32 Uhr	
			SA: 7.35 SU: 16.36
11	Di	Martinstag	
12	Mi		
13	Do	Volkstrauertag	
14	Fr		
15	Sa		
16	So		

NOVEMBER

SA: 7.47 SU: 16.27		Mo	17
		Di	18
	Buß- und Bettag	Mi	19
		Do	20
		Fr	21
		Sa	22
	Totensonntag	So	23
SA: 7.58 SU: 16.20	Ende der Pflanzzeit um 9.34 Uhr	Mo	24
		Di	25
		Mi	26
		Do	27
		Fr	28
		Sa	29
	1. Advent	So	30

NOVEMBER

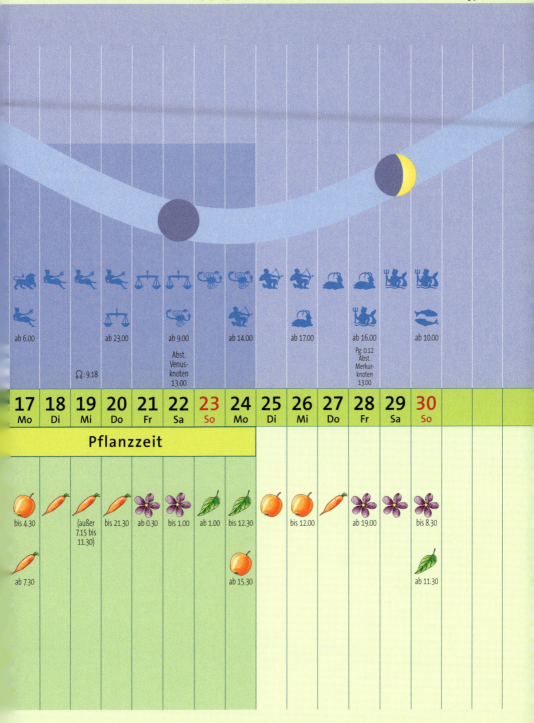

| 17 Mo | 18 Di | 19 Mi | 20 Do | 21 Fr | 22 Sa | 23 So | 24 Mo | 25 Di | 26 Mi | 27 Do | 28 Fr | 29 Sa | 30 So |

ab 6.00 | | | ab 23.00 | ab 9.00 | | ab 14.00 | | ab 17.00 | | ab 16.00 | | ab 10.00

♌: 9.18

Abst. Venus-knoten 13.00

Pg: 0.12
Abst. Merkur-knoten 13.00

Pflanzzeit

bis 4.30 | | (außer 7.15 bis 11.30) | bis 21.30 | ab 0.30 | bis 1.00 | ab 1.00 | bis 12.30 | | bis 12.00 | ab 19.00 | | bis 8.30

ab 7.30 | | | | | | ab 15.30 | | | | | | ab 11.30

DEZEMBER

1	Mo		SA: 8.08 SU: 16.16
2	Di		
3	Mi		
4	Do	Barbaratag	
5	Fr		
6	Sa	Nikolaustag	
7	So	2. Advent	
		Beginn der Pflanzzeit um 10.23 Uhr	
8	Mo	Mariä Empfängnis	SA: 8.16 SU: 16.14
9	Di		
10	Mi		
11	Do		
12	Fr		
13	Sa		
14	So	3. Advent	
15	Mo		SA: 8.22 SU: 16.15
16	Di		

DEZEMBER

	Mi	17
	Do	18
	Fr	19
	Sa	20
4. Advent	So	21
Ende der Pflanzzeit um 19.41 Uhr		
Winteranfang	Mo	22
SA: 8.26 SU: 16.18		
	Di	23
Heiligabend	Mi	24
1. Weihnachtstag	Do	25
2. Weihnachtstag	Fr	26
	Sa	27
	So	28
	Mo	29
SA: 8.24 SU: 16.34		
	Di	30
Silvester	Mi	31

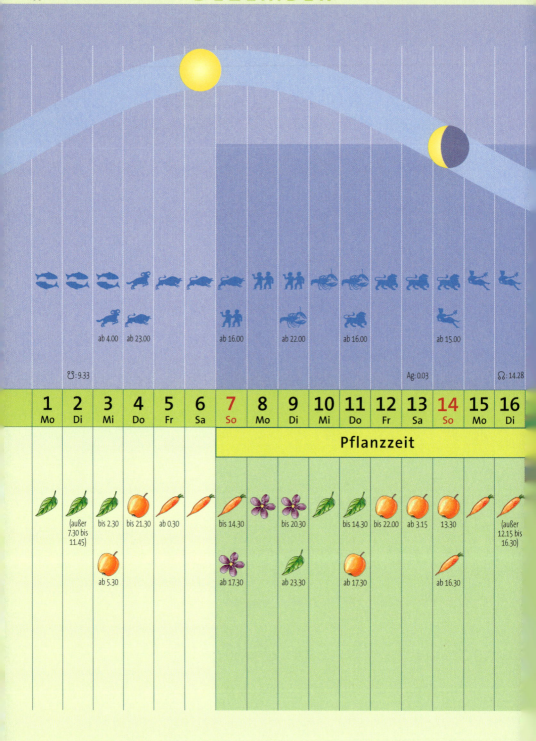

DEZEMBER

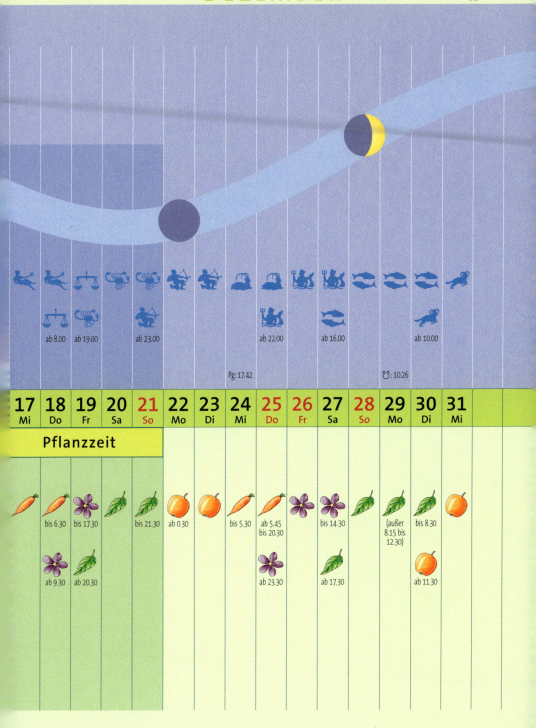

IMPRESSUM

Bildnachweis

13 Farbfotos wurden von **Jürgen Weisheitinger**, Lörrach aufgenommen.

Weitere Farbfotos und Illustrationen von:

Flora Press/Biosphoto/Joël Douillet, Hamburg: S. 2/3

Jochen Gündel: Umschlaginnenseite sowie Symbole Apfel, Blüte, Blatt, Wurzel auf Umschlaginnenseite, Kalendarium und Umschlagrückseite

Mein besonderer Dank gilt Maria (†) und Matthias K. Thun, die mir in über 30jährigem Austausch viel Sicherheit in der praktischen Anwendung ihrer Forschungsarbeiten ermöglichten.
Meiner Frau Christina, unseren Söhnen Andreas und Stefan für ihr Verständnis.
Helga Reimold und Floor Eisenkolb von der Gartengruppe bei Helios Terra e.V. für den fachlichen Austausch und die vielen Anregungen.
Besonderer Dank an Dr. Hans Balmer (†), Basel, meinen „Kompostlehrer", Birgit Grimm vom Kosmos-Verlag für die sehr gute Zusammenarbeit. Und den vielen „Ungenannten" im Hintergrund.
Ohne diese Hilfen wäre das Buch nicht so geworden, wie es jetzt in Ihren Händen liegt.
Danke

Impressum

Umschlaggestaltung von Atelier Reichert, Stuttgart unter Verwendung von zwei Fotos von Fotolia (unten) und Jürgen Weisheitinger, Lörrach (oben)

Unser gesamtes lieferbares Programm und viele weitere Informationen zu unseren Büchern, Spielen, Experimentierkästen, DVDs, Autoren und Aktivitäten finden Sie unter **kosmos.de**

Die Daten wurden von der mathematisch-astronomischen Sektion des Goetheanums in Dornach berechnet und von der Kosmos Garten-Redaktion bearbeitet.

© 2013, Franckh-Kosmos Verlags-GmbH & Co. KG, Stuttgart
Alle Rechte vorbehalten
ISBN 978-3-440-13710-9
Texte: Peter Berg, Kosmos Garten-Redaktion
Redaktion: Birgit Grimm
Gestaltungskonzept: Atelier Reichert, Stuttgart
Gestaltung und Satz: Atelier Reichert, Stuttgart
Produktion: Ralf Paucke
Printed in Slovakia/ Imprimé en Slovaquie

Alle Angaben in diesem Buch sind sorgfältig geprüft und geben den neuesten Wissensstand bei der Veröffentlichung wieder. Da sich das Wissen aber laufend in rascher Folge weiterentwickelt und vergrößert, muss jeder Anwender prüfen, ob die Angaben nicht durch neuere Erkenntnisse überholt sind.

KOSMOS.
Mehr wissen. Mehr erleben.

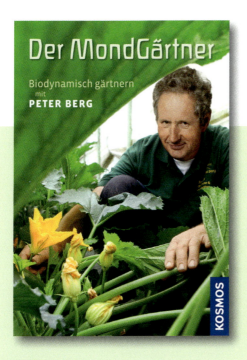

Peter Berg | Der Mondgärtner
128 S., 135 Abb., €/D 14,95

Biodynamisch gärtnern mit Peter Berg

Peter Berg kann auf jahrzehntelange Erfahrungen mit dem Mondgärtnern und der biodynamischen Arbeitsweise zurückgreifen. Leicht verständlich zeigt er, wie einfach Hobbygärtner die Kraft des Mondes bei der täglichen Gartenarbeit anwenden können, um so die natürlichen Abläufe besser zu verstehen und erfolgreich Obst und Gemüse anzubauen.

kosmos.de/garten

Wichtige Gartenpflanzen und ihre Gruppenzugehörigkeit

Fruchtpflanzen	Blütenpflanzen	Blattpflanzen	Wurzelpflanzen
Äpfel	Artischocken	Balkonpflanzen, Blatt-	Chicorée/Wurzel
Aprikosen	Balkonpflanzen, blühende	Basilikum	Karotten/Möhren
Auberginen	Blumenzwiebeln	Blumenkohl	Kartoffeln
Birnen	Brokkoli	Bohnenkraut	Knollen-Sellerie
Brombeeren	Kamille, Echte	Borretsch	Knoblauch
Busch-Bohnen	Kübelpflanzen, blühende	Chinakohl	Meerrettich
Erbsen	Lavendel, Blütenernte	Chicorée/Treiberei	Pastinake
Erdbeeren	Rosen	Eissalat	Radieschen
Feigen	Sommerblumen	Endivien	Rettich
Feuer-Bohnen	Stauden, blühende	Feldsalat	Rote Bete
Gurken		Garten-Melde	Schwarzwurzeln
Haselnüsse		Grünkohl	Süßkartoffeln
Heidelbeeren		Kerbel	Topinambur
Himbeeren		Knollen-Fenchel	Zwiebeln
Japanische Weinbeeren		Kohlrabi	
Johannisbeeren		Kopfsalat	
Jostabeeren		Kresse	
Kirschen, Sauer-, Süß-		Kübelpflanzen, Blatt-	
Kiwi		Lauch/Porree	
Kürbisse		Mangold	
Loganbeeren		Neuseeländer Spinat	
Mais		Pak Choi	
Mirabellen		Petersilie	
Nektarinen		Pflücksalat	
Paprika		Radicchio	
Pfirsiche		Rasen	
Pflaumen/Zwetschen		Rhabarber	
Preiselbeeren		Römischer Salat	
Quitten		Rosenkohl	
Renekloden		Rotkohl	
Soja		Rucola	
Stachelbeeren		Schnittlauch	
Stangen-Bohnen		Schnittsalat	
Tomaten		Spinat	
Walnüsse		Stangen-Sellerie	
Weinreben		Stauden, Blatt-	
Wildobst		Weißkohl	
Zucchini		Wirsing	
Zucker-Mais		Zitronen-Melisse	
Zucker-Melonen		Zuckerhut	

Hier haben wir für Sie bereits die wichtigsten Gartenpflanzen entsprechend ihrer Gruppenzugehörigkeit im Überblick zusammengestellt. Da die Gruppenzugehörigkeit dabei in der Regel immer von dem Pflanzenorgan bestimmt wird, das geerntet bzw. im Hauptinteresse der Nutzung steht, können Sie nach diesem Prinzip die entsprechende Gruppenzugehörigkeit bei Bedarf leicht selbst bestimmen.